LE

BONNET ROUGE

PAR RABAN.

❋

Tome troisième.

❋

PARIS.

AUG. RORET, LIBRAIRE-ÉDITEUR,

RUE DES POITEVINS, N. 3.

1834

LE

BONNET ROUGE.

LE

BONNET ROUGE

PAR RABAN.

✸

𝕮ome troisième.

✸

PARIS.

AUG. RORET, LIBRAIRE-ÉDITEUR,
RUE DES POITEVINS, N. 3.

•

1834

LE

BONNET ROUGE.

I.

Changement de vie.

— Ma foi, mes amis, s'écria Simon en jetant sa bourse sur une table placée au milieu de la chambre où l'on venait de l'introduire, si c'est là ce que vous voulez, je vous le donne de grand cœur, et je ne crois pas payer trop cher le plaisir que j'éprouve.

— C'est déjà bon signe, dit Renard; qu'en penses-tu, César?

César était le chef de la bande, et tous les habitans de cette demeure souterraine lui semblaient entièrement soumis.

— Je pense, l'ami, que tu vas souvent trop vite en besogne, et que tu comptes un peu trop sur ta perspicacité. Quant au camarade, j'avoue qu'il s'exécute d'assez bonne grâce; mais je ne comprends guère que l'on ait du plaisir à se débarrasser de son argent, et...

—Vraiment, interrompit Simon, je
pense bien ne pas vous le donner pour
rien ; mais j'imagine que vous ne re-
fuserez pas à un homme de ma trempe
la faveur d'être admis dans vos rangs,
et il est juste que je paie ma bien-ve-
nue. Vous seul comprenez la société et
la traitez comme elle le mérite ; voilà
pourquoi votre vie me plaît, voilà
pourquoi je veux l'adopter. J'ai rom-
pu avec le monde, dont la sottise, la
bassesse et la lâcheté me donnaient
des nausées, et je sens que je serai
bien ici...

—A la bonne heure, répliqua César ; mais savez-vous bien ce que nous
sommes ?

— Des voleurs de grand chemin, selon toute apparence.... Oh! il ne faut pas froncer le sourcil; les gros mots ne me font pas peur, comme vous voyez, et je trouve tout simple d'appeler les choses par leur nom. Vous êtes des voleurs de grand chemin, c'est-à-dire des gens de cœur qui prenez ouvertement les choses nécessaires à votre conservation, à votre bien-être, sans vous informer si quelque misérable bavard s'est avisé d'écrire quelque part la défense d'en agir ainsi. Vous payez de votre personne et ne vous battez jamais par procuration. Cette société stupide, qu'on appelle le monde, vous méprise; mais vous le lui rendez bien. Oui, oui, je

sais ce que vous êtes, vous êtes ce que
je veux être désormais.

— Eh bien! s'écria Renard, est-ce
que je n'avais pas flairé le compagnon?

— Puisqu'il en est ainsi, dit le chef,
vive la joie, et mettons-nous à table !
Mais il ne faut pas croire, mon camarade, que ce soit tout sucre, et qu'on
soit toujours ici sur un lit de roses.
Vos honnêtes gens, que le diable con-
fonde! nous donnent parfois du fil à
retordre, et depuis quelque temps les
gendarmes nous font une chasse presque aussi active que si nous étions des
aristocrates, nous qui voulons de l'é-
galité à tout prix !

— Il faudrait bien qu'ils eussent le

diable au corps pour venir nous déter-
rer ici !

— Eh ! vraiment, ça ne serait pas la
première fois qu'il pénétreraient dans
le terrier ; et bien qu'il n'aient pu encore découvrir cette pièce, ce n'est
pas une raison pour que nous nous
croyions introuvables.

— Ils ont donc pénétré déjà dans
cette carrière ? demanda Simon.

— Dix fois au moins ; mais la chambre où nous sommes n'est connue ni
d'eux ni des ouvriers qui travaillent
dans les galeries. Cette pièce, nous
l'avons pratiquée nous-mêmes dans un
temps où les travaux de cette espèce

étaient 'suspendus ; et dans le cas où la retraite serait indispensable, nous sommes parvenus à nous en ménager une qui ne cesserait d'être sûre qu'autant qu'il y aurait quelques traîtres parmi nous...Allons, sacredieu! à boire!... On est terriblement lent à servir ce soir!...Renard, va donc sonner, et lave un peu la tête à cette vieille bête de Jean, qui s'est probablement endormi au coin du feu.

Renard sortit, et presque aussitôt Simon entendit le son d'une clochette qui semblait vibrer à une grande distance; puis à ce bruit succéda un long bourdonnement, et un homme d'environ cinquante ans entra dans la chambre, chargé de provisions de toute espèce.

— Nom de dieu, Jean ! s'écria Renard ; est-ce que le souvenir du canon de la Bastille t'a rendu sourd?

— Du tout, du tout, citoyen ; bon pied, bon œil, et l'oreille au guet selon la consigne ; ce qui fait que j'ai manqué de me casser les reins en descendant. Mais c'est que, aussi, on dirait toujours, quand vous êtes ici, que le feu est à la Sainte-Barbe. Vous savez pourtant qu'il ne s'agit pas seule-de vous servir à boire et à manger, et qu'il est fort important de s'informer si quelques mauvais drôles ne seraient

pas disposés à troubler votre diges-
tion.

— Heim!.... De quoi s'agit-il donc,
Jean? demanda César; ces animaux
seraient-ils tellement satisfaits de la
manière dont nous les avons accueillis
la dernière fois, qu'ils voulussent nous
faire une nouvelle visite?

— Entre nous, capitaine, j'en ai
plus de peur que d'envie. Je sais que,
depuis la fin du jour, ces oiseaux de
mauvais augure circulent dans les environs, et c'en est assez pour que l'on
se tienne sur ses gardes. Deux d'entre
eux entraient dans la maison au moment où vous me faisiez appeler pour
la première fois; et sous prétexte de

me demander le chemin, ils ont essayé
de me faire jaser : mais vous connaissez le père Jean, toujours calme, l'air
ouvert et la parole en main. Toujours
est-il qu'il m'a fallu leur rendre la
monnaie de leur pièce avant de répondre à votre appel. Ils sont maintenant
dans la plaine, et je ne serais pas surpris s'ils vous faisaient une visite avant
que vous n'ayiez entamé la dernière de
ces vingt-cinq bouteilles... Dieu veuille
qu'il n'en soit rien, capitaine!

—Bah! tu es toujours le même, Jean;
tu vois des gendarmes partout.. Allons,
avale-moi cela, afin d'avoir l'humeur
moins noire!

En parlant ainsi, César, qui avait

fait sauter le bouchon d'une bouteille, emplit l'un des verres rangés sur une table, et le présenta au vieux serviteur, qui, après avoir obéi sans se le faire répéter, dit :

— Noire ou couleur de rose, capitaine, ça ne peut pas empêcher ce qui est d'être, et je boirais à votre santé jusqu'à demain que ça n'empêcherait pas ces hirondelles de potence de remuer ciel et terre à votre intention.

— Soit, mon vieux, qu'ils remuent l'enfer et que le diable les emporte ! mais, en attendant, mets le couvert et tâche de te distinguer, car nous avons du monde.

Ces dernières paroles parurent un

peu surprendre Jean, qui, regardant
autour de lui, aperçut pour la première
fois Simon, qu'il examina avec attention.

— Ma foi, capitaine, dit-il après
quelques instants de silence, vous savez
mieux que moi ce que vous avez à
faire, mais ça ne doit pas m'empêcher
de vous rappeler que défiance est
mère de sûreté. Et maintenant laissez-
moi retourner à mon poste, car j'ai
appris depuis long-temps à ne comp-
ter que sur moi.

A ces mots, Jean acheva de mettre
le couvert et de garnir la table d'une
certaine quantité de viandes froides

et autres mets qu'il avait apportés,
puis il s'inclina et sortit.

— Si l'on en croyait ce vieux fou, dit
Renard en se mettant à table, on aurait toujours les pieds sur des charbons
ardens ; on dirait que le diable lui envoie des visions tout exprès pour nous
tourmenter.

—C'est possible, dit le capitaine; mais
il est toujours bon de se tenir sur ses
gardes, et je crois qu'il est convenable
de placer nos sentinelles avant le *be-
nedicite,* afin de ne pas être obligés de
quitter la table avant les *grâces.*

Ces paroles ne parurent pas du goût
de Renard, qui secoua les oreilles d'un

air mécontent et ne se décida qu'avec
peine à quitter la table pour aller placer les factionnaires. Dès qu'il fut
revenu, le repas commença, les verres
se vidèrent et se remplirent avec une
promptitude merveilleuse, et vingt minutes s'étaient à peine écoulées que
les craintes de Jean étaient oubliées,
et que pas un des convives ne songeait
à ces oiseaux de mauvais augure dont
avait parlé le vieux serviteur.

— Parbleu, mes amis, s'écria Simon,
vous êtes d'habiles gens qui, ayant vu
la vie misérable qui est le partage de
l'homme sensé sur la terre, avez eu
l'heureuse idée d'en venir chercher une
meilleure dans ses entrailles... Puis-

sions-nous être un jour les maîtres de
cette tourbe imbécile qui couvre la sur-
face du globe!... car il y a une aristo-
cratie légitime, c'est celle de la capa-
cité.

— Mon cher camarade, répondit César, nous sommes très-satisfaits de vos
manières, je me plais à vous le dire;
mais vous devez comprendre que nous
ne sommes pas gens à faire trop de
fonds sur les apparences.

— Eh! sacredieu! s'écria Simon, que
vous faut-il de plus que ma tête, mon
cœur et mon bras, maintenant que
que vous avez mon argent?

— Ton argent, camarade, répliqua

César, j'en donnerais trois fois autant
pour faire allumer ma pipe : mais ce
n'est pas de cela qu'il s'agit...

Il avait à peine achevé ces mots
lorsqu'une sourde rumeur se fit entendre au loin dans cette demeure souterraine; un homme entra précipitam-
ment, et s'adressant à César :

— Capitaine, Jean avait raison; il
nous arrive de la visite.

— Combien sont-ils ?

— Une douzaine, j'imagine; car j'en
ai vu descendre huit au moyen d'une
longue échelle, et ce n'était pas tout.

—Douze! s'écria Simon : il est juste

que je gagne mes éperons ; mettez-moi au premier rang, et je me charge de la moitié de la besogne.

— Oh! nous n'en sommes pas là, mon brave! je sais bien qu'il serait très-facile de les envoyer dormir pour long-temps dans quelque coin de cette retraite; mais il faudrait, après cela, changer de demeure, et je ne suis pas disposé à abandonner celle-ci, qui est si convenable. S'ils sont douze en bas, il en est bien resté quelques-uns en haut, et ces derniers, ne voyant pas reparaître leurs camarades, donne-raient bien vite l'alarme. Quoique cette chambre ne soit connue que de nous et que l'ouverture en soit ad=

mirablement masquée, à force de chercher ils la trouveraient, et nous se-
rions réduits à faire une retraite préci-
pitée. Maintenant, au contraire, qu'ils ne
peuvent avoir que des soupçons, ils
ne chercheront pas si long-temps et
nous en serons bientôt débarrassés sans
coup férir.

En ce moment le bruit se rapprocha
de la chambre.

— A bas les lumières, dit le capitaine
à demi-voix... Renard, tu resteras avec
moi... Quant à vous tous, mes amis,
partez par la petite galerie : Jean est
certainement en faction, et vous n'aurez pas besoin de sonner. Voici des
passeports en règle, et vous pourrez

passer tranquillement le reste de la nuit.

Simon suivit ses nouveaux amis; ils parcoururent à tâtons une longue et étroite galerie; puis, tout à coup, celui qui marchait en tête fit faire halte, battit le briquet et alluma une bougie. Simon fut alors singulièrement surpris de voir que cette galerie, à l'extrémité de laquelle ils étaient arrivés, n'avait point d'issue; mais au même instant il entendit le frôlement d'une corde glissant sur une poulie. Il leva les yeux vers la voûte, et vit descendre par une ouverture fort étoite un panier solidement attaché à une corde. Quand ce panier fut à terre, deux hommes se placèrent

dedans ; alors il remonta, puis redes-
cendit jusqu'à ce que tout le monde fût
sorti de ce noir séjour. Jean, qui était à
l'ouverture du puits, le couvrit alors et
conduisit toute la bande dans une salle
située au rez-de-chaussée.

— Il paraît, dit-il, que je ne m'étais
pas trompé ?

— Je crois, le diable m'emporte, que
tu nous as porté malheur ! répondit l'un
des compagnons ; nous n'étions pas
encore au dessert, et je me sentais une
soif d'enragé.

— Allons, ne te fâche pas, Maillard :
est-ce que le vin manque ici ?

Jean apporta des verres et des bou-

teilles, et l'on reprit les choses au
point où on les avait laissées dans la
carrière. On s'égaya sur les gendarmes,
on but à la santé des belles, et quelques couplets grivois brochant sur le
tout, les moins disposés à rire ne tar-
dèrent pas à se mettre en belle humeur.

Simon, bien que sa résolution fût
prise, sentit néanmoins le besoin de
s'étourdir, et s'il parla moins que ses
camarades, il but un peu plus, de sorte
que chacun des convives était bien plus
en état de battre les murailles que de
faire tête aux gendarmes, lorsque le capitaine et Renard parurent.

— Mes amis, dit César, l'ennemi est
en pleine retraite, et vous pouvez al-

ler dormir tranquilles; mais dormez
vite, car il faudra, dans quelques heures, nous mettre à la besogne.

Jean prit un flambeau ; tout le monde
se leva, et , tant bien que mal, chacun
parvint à se jeter sur le lit qui lui
était destiné.

II.

II.

Rapprochement.

Tandis que Simon descendait ainsi les degrés de l'ordre social pour arriver au dernier, madame de Saint-Alvar suivait à peu près la même route.

D'abord, immédiatement après sa fuite de la voiture de Cloquet, il lui avait été facile, grâce à quelque argent qu'elle possédait, de trouver un asile ; mais il n'en était pas de sûr dans ce temps-là pour les gens de sa condition, et pendant quelque temps il lui fallut en changer tous les jours. Ses faibles ressources s'épuisèrent bien vite; elle songea à son frère et hasarda de se rendre chez le restaurateur du Palais-Royal où elle le savait employé, mais on lui dit qu'on ne savait ce qu'il était devenu. Le visage sillonné de larmes brûlantes et le désespoir dans le cœur, la comtesse marcha long-temps comme une insensée, et lorsqu'il lui revint un peu de calme, mais de ce calme horrible qui permet aux malheureux de voir toute la hideur de leur position, elle se sentit la volonté et presque la force de mettre par le suicide un terme à ses maux. Dans l'amertume de son cœur, elle s'avouait presque avoir mérité ces maux qui l'accablaient, elle s'accusait d'avoir fait un tigre altéré de sang de l'homme dont il lui eût été si facile de faire un ange de douceur, et elle se disait qu'il n'était plus qu'un moyen de mettre fin aux tortures morales qu'elle endurait. Mais cette situation d'esprit ne pouvait durer; la violence du chagrin qui accablait Mme de Saint-Alvar ne tarda pas à diminuer, et bientôt, loin de vouloir mourir, elle ne songea plus qu'à trouver les moyens de satisfaire l'horrible faim qui la tourmentait.

— Après tout, se dit-elle, ces gens du peuple qui nous effraient si fort ne sont pas tous aussi féroces qu'on le dit, et j'ai eu grand tort de ne pas avoir plus de confiance en ce M. Cloquet, qui paraissait, malgré sa grossièreté, si disposé à me servir. Il doit être aussi puissant que cet implacable Simon contre lequel il voulait me protéger... Eh! que risqué-je à me présenter chez lui!.... oui, oui, j'irai, et il aura pitié de moi.

A peine avait-elle pris cette résolution, qu'elle se trouva près de la maison de Cloquet, vers laquelle l'avait

poussée l'instinct de la conservation.
Elle entra, non sans crainte, mais sans
hésiter.

— Ah! c'est vous, citoyenne ci-devant! s'écria Jacques. Sacredieu! vous
faites encore de jolies farces avec votre air d' n'y pas toucher!... Vous pouvez vous vanter d' m'avoir mis dans d'
beaux draps au vis-à-vis d' la citoyenne
Vachelet, qui voulait m'arracher les
yeux, comme si les prunelles d'un patriote étaient une denrée à l'usage des
farceuses qui ont perdu leur femme de
chambre....

— Oh! je suis bien coupable de n'a-
voir pas eu plus de confiance en vous,
monsieur Cloquet!

— Ça, c'est vrai, que vous auriez bien
mieux fait de m' dire la chose en con-
fidence ; car enfin, nom de Dieu! on
n'est ni turc ni juif, et on entend c'
que parler veut dire. C' n'est pas tant
pour moi; mais c' pauvre Simon en a
perdu la tête, au point que, dès que l'
citoyen ci-devant comte, votre frère, a
été mort, il a envoyé faire f... la république, a pris ses cliques et ses claques,
et....

— Que dites-vous ?.... mon frère....
grand Dieu!...

— Tiens! c'est vrai.... J'oubliais que
vous ignoriez la chose... Dame! il fallait bien en finir, et c'est toujours une
satisfaction de savoir que les choses se

sont bien passées : armes égales, ils
ont tiré en même temps. Ça vaut toujours mieux que d'avoir affaire à Sam-
son.... Allons donc, est-ce que vous allez encore faire des bêtises comme
l'autre jour? C'est un accident, v'là
tout. Avaler sa langue aujourd'hui ou
demain, puisqu'il faut finir par-là.

— Mon frère!.... Puissé-je le rejoindre bientôt!....

— Ça viendra, soyez tranquille; avec
du temps et un peu de patience, on
vient à bout de tout : j' suis bien devenu quéque chose de rien qu' j'étais.
Ça, c'est vrai, que j'ai pas fait l' faignant
au vis-à-vis d' la chose quand l'ouvrage
a donné.... N' pleurez donc pas comme

ça, la p'tite mère! L' diable m'emporte,
c'est pas que j' sois plus sensible qu'
l'ordonnance ne porte, mais quand j'
vois d' si beaux yeux en compote, ça
m' rend tout je n'sais comment. Voyons,
puisque vous r'venez m' trouver, c'est
qu' vous n' m'en voulez pas : eh bien!
ni moi non plus, foi d' patriote fournisseur! Ainsi, n' vous gênez pas, con-
tez-moi vos peines, et dites-moi si j'
peux faire quéque chose pour vous.

En parlant ainsi, Jacques avait ap-
proché un fauteuil de celui qu'occu-
pait la comtesse, et s'était assis de
manière que ses genoux touchaient
ceux de la belle affligée. Mme de Saint-
Alvar, qui jusqu'alors n'avait osé re-

garder cet homme en face, fut surprise
de voir qu'il n'eût rien de féroce dans
la physionomie, et elle sentit sans
frayeur la main de son singulier pro-
tecteur prendre la sienne. De son côté,
Jacques éprouvait un sentiment qui
jusque-là lui avait été inconnu; son visage, ordinairement sombre, s'animait,
et il se disait qu'une ci-devant comme
celle qui était près de lui valait toutes
les maîtresses patriotes qu'il avait eues
depuis la prise de la Bastille.

— Oh! je ne me suis pas trompée,
monsieur Cloquet, en pensant que vous
ne me refuseriez pas votre appui... Ma
misère est extrême, ma situation horrible.... j'ai faim!...

Jacques bondit comme un tigre, jeta d'un coup de pied son fauteuil à six pas de lui, et s'écria en se frappant le front :

— Sacré mille guillotines! c'est trop fort! On n' me f..tra jamais dans la tête qu'il est nécessaire d' laisser mourir de faim les jolies femmes pour *régémérer* la nation!.. Qu'on coupe le cou des aristocrates, à la bonne heure; mais, nom de Dieu! qu'on leur donne à manger.... Pauvre petite mère, va!... Holà! citoyen valet, va dire à mon ci toyen cuisinier qu'y te donne quéqu chose de ch'nu.... va donc!... des con fitures, d' la volaille... une omelette a lard, des biscuits... toute la sacrée bou tique, quoi!

Il plaça un guéridon devant Mme de Saint-Alvar, qui, d'abord effrayée de cette explosion de sensibilité, se remit promptement.

— Mais fallait donc m' dire ça tout d' suite, fallait commencer par-là, disait Cloquet en présentant à la comtesse un grand verre dans lequel il venait de verser le reste d'une bouteille de vin entamée par lui quelques instans auparavant. Allons, avalez-moi ça! ça vous donnera des forces pour attendre le reste.... Ah! que j' suis bête!.. Vous autres, vous n' prenez pas ça tout cru.... Attendez donc, v'là du sucre... Allons, v'là que j' fais des cochonneries.... deux taches sur vot' robe...

— Cela n'est rien, monsieur... Il me
serait impossible de boire du vin ; j'at-
tendrai.

Jacques, alors, recommença de plus
belle à jurer après ses domestiques, et
finit par aller lui-même à la cuisine,
d'où il revint chargé de tous les co-
mestibles qui lui étaient tombés sous
la main. Le guéridon en fut chargé en
un clin-d'œil, et, malgré sa profonde
douleur, Mme de Saint-Alvar ne put
s'empêcher de sourire en voyant pêle-
mêle des débris de pâté, des harengs
saurs, du fromage à la crême, des biscuits, de la moutarde, des confitures,
des cornichons, etc., etc. Pendant
qu'elle mangeait, Jacques, debout, les

bras croisés, ne pouvait détourner ses
regards de dessus cette figure angélique.

— Simon avait raison, se disait-il ; le
fait est qu'elle est gentille comme un
cœur!... C'est dommage que ça n' soit
pas d'une pâte à aimer un patriote....
Cependant, il est possible que l'appé-
tit vienne en mangeant.... d'autant plus
qu'un fournisseur.... Si j'étais encore
patriote tout court, ça serait plus dif-
ficile.

Il fut interrompu dans ses réflexions
par la comtesse, dont la douce voix
maintenant vibrait délicieusement à
son oreille.

— Je vous ai déjà de grandes obliga-

tions, monsieur Cloquet, lui dit-elle ;
j'oserai pourtant encore vous prier de
me rendre quelques services.

— Oh! tant qu' vous voudrez, n'
vous gênez pas; j' suis tout prêt à m'
saigner des quat' membres pour vous
faire plaisir.... Ça a l'air de vous éton-
ner: eh bien! c'est pourtant comme ça:
que l' diable m' coupe l' sifflet si je n'
dis pas la vérité!

— Comptez sur ma reconnaissance
éternelle, monsieur. Vous avez beaucoup de connaissances; je voulais vous
prier de me trouver quelque emploi
parmi elles....

— Merci!... du tout! c'est pas ça!

la citoyenne Vachelet ferait un joli ca-
rillon si elle savait....

— Il est pourtant impossible que je
retourne dans cette maison.

— Je n' dis pas le contraire.

— Que faire donc? où aller?...

— Nulle part: faites-moi l'amitié de
rester où vous êtes.

— Je rends justice à vos bonnes et
généreuses intentions, monsieur Cloquet; mais alors que les convenances
me permettraient de demeurer chez
vous, vous concevez que ce serait un
mauvais moyen pour échapper aux re-
proches de l'épouse de votre associé.

— C'est, ma foi, vrai! y a des momens
où j' suis bête comme un pot..... Un
instant! y n' manque pas d' maisons à
vendre ou à louer dans Paris; vous n'a-
vez qu'à en choisir une à votre goût,
et l'affaire s'ra bientôt bâclée.

— Je suis fachée de ne pouvoir accepter, monsieur, dit froidement la
comtesse, qui croyait avoir deviné les
intentions de Jacques.

— Ah! voilà!.... Je me disais bien
aussi : c'est dommage que ça n' soit pas

fait une peine que je n' peux pas dire,
et si y venait à vous arriver malheur...

Ces dernières paroles firent frisson-

ner Mme de Saint-Alvar, qui se hâta
de répliquer d'un ton beaucoup plus
doux :

— Ce n'est pas que je refuse votre
appui et que je dédaigne vos bienfaits,
monsieur Cloquet. Je crois vous avoir
donné aujourd'hui une preuve de l'es-
time que j'ai pour votre personne ;
mais vous sentez que les convenances....

— Moi ! je n' sens pas ça du tout, et
je n' comprends rien à toutes vos ca-
lembredaines d' cérémonies. J'achète
une maison, j' la paie ; vous allez y demeurer ; vous payez votre loyer ou
vous ne l' payez pas, ça ne r'garde personne, et l' premier jean-f..... qui s'a-
viserait d'y trouver à redire....

Quels que fussent les scrupules de
Mme de Saint-Alvar, elle ne pouvait se
dissimuler tout l'avantage qu'il y aurait pour elle à accepter les offres de
Jacques : ces offres, il est vrai, ne lui
paraissaient pas désintéressées; mais
elle se disait que, sans rien permettre
ou refuser, elle pourrait aisément gagner du temps.

— S'il en est ainsi, dit-elle, j'accepte,
monsieur ; car j'espère, et je dois vous
le dire, bien que cette espérance
puisse froisser vos opinions, j'espère
qu'un jour justice sera rendue aux gens
que l'on a dépouillés, et alors il me
sera possible de payer mes dettes.

— Bon, bon ; qui vivra verra ! Arrive que plante, il faudra toujours des fournisseurs, et, s'il n'en fallait plus, j' pourrais m' passer de l'être.... et même, si ça vous déplaisait, dès à présent j' laisserais la boutique marcher comme elle voudrait.... vous n'avez qu'à dire un mot...

— Vous auriez tort de négliger votre fortune, monsieur; on mérite d'être riche quand on est généreux.

— Mon Dieu! j' serai tout c' que vous voudrez. Ah ça, n' perdons pas d' temps; j' vas faire mettre les chevaux, et nous irons voir ça ensemble.

Trois jours après, Mme de Saint-Alvar était installée dans une jolie petite

maison, près le Luxembourg, que Jacques avait achetée toute meublée, et
dans laquelle il se proposait bien de
passer la meilleure partie de son temps.

III.

III.

Le fils du curé.

Simon dormait profondément, lorsqu'au point du jour, César, entrant dans la chambre où tous ses gens étaient couchés, s'écria :

— Allons donc, sacredieu! vous croyez-vous dans le royaume des marmottes?

Tout le monde fut bientôt sur pied, et Simon ne fut pas des derniers. Dès que le capitaine l'aperçut, il vint à lui et lui dit :

— Nous avons à causer ensemble, mon brave camarade; dans quelques minutes, nous serons seuls.

Puis, s'adressant de nouveau à ses gens qui, réparaient tant bien que mal le désordre de leur toilette :

— Mes amis, vous connaissez l'ordre du jour : à midi, à Arpajon, et dans la forêt de Fontainebleau à la fin du

jour. L'étape est forte, mais vous ne
devez pas être fatigués; et puis, au retour, si vous avez réussi, ce qui me
paraît certain, branle-bas général de
bombance!... table dressée pendant
trois jours, et jolies filles à volonté !
Dieu merci, c'est un gibier qui n'est
pas rare depuis que les couvens sont
fermés. Quant au nouveau camarade,
il m'accompagnera à Paris, où je pré-
pare une affaire qui doit nous être
fructueuse : je veux le dresser moi-
même, et vous savez qu'il n'en vaudra
pas pire.

Personne ne répondit; mais à l'air
de satisfaction peint sur tous les visa-
ges, Simon put comprendre que la

promesse était fort du goût de ces messieurs. Ils sortirent tous successivement.

— Partons maintenant, dit César.

— Je le veux bien, répondit Simon; mais je regrette fort d'être obligé de rentrer si tôt dans cette ville maudite où je m'étais proposé de ne plus mettre le pied.

— Qu'à cela ne tienne, mon camarade; je ne suis pas si pressé de m'y rendre que cela ne se puisse remettre de quelques jours. Il n'est pas juste, d'ailleurs, que vous commenciez le métier par ce qu'il a de plus pénible. Suivez-moi; nous avons tous deux besoin de changer de linge.

Simon suivit le capitaine, et quelques instans après ils arrivèrent dans la chambre souterraine qu'ils avaient quittée au milieu de la nuit.

— Prenez là-dedans ce qui vous conviendra, dit César en montrant au nouvel hôte une malle remplie de vêtemens de toute espèce. Il ne faut pas non plus que vous soyez sans argent; je vous ferai quelques avances en attendant le prochain dividende.

Et il présenta à Simon la bourse que celui-ci avait jetée la veille sur la table, et qu'il reprit sans se faire prier. Il usa aussi très-largement de la permission quant aux vêtemens, et changea complètement de costume. Le capitaine en fit autant; puis un coup de sonnette avertit Jean qu'il fallait descendre le panier, et ils sortirent par le même chemin.

— Tu as l'air fatigué, Jean, dit César; il est vrai que le service a été dur ces jours passés; mais tu as vingt-quatre heures pour te reposer, car personne ne sera de retour avant demain matin.

—J'en profiterai, répondit Jean; à moins que ces chiennes de culottes de peau ne s'avisent de me faire de nouvelles visites.

— Bon! crois-tu que ces animaux n'ont pas autant que toi besoin de repos? Leurs visites sont beaucoup plus

rares maintenant, et j'espère que bientôt nous n'aurons plus à les craindre.

A ces mots il sortit, et Simon le suivit.

— Le temps est superbe, reprit-il
lorsqu'ils furent dehors, et puisque
vous ne voulez pas retourner si tôt à
Paris, nous ferons une partie de campagne et nous dînerons chez un bon
curé de ma connaissance.

— Un curé ! répondit Simon étonné;
je croyais qu'il n'était plus question de
cela en France.

—Il est vrai que l'espèce est devenue
rare; cependant celui dont je parle n'a
pas abandonné son presbytère, et il y

restéra tant que je le voudrai, car ce
n'est pas seulement dans les lieux que
nous venons de quitter que je sais me
faire obéir.... Je vous dirai tout cela
plus au long tout à l'heure ; mais avant
que vous sachiez mon histoire, il est
juste que vous me disiez la vôtre...
J'aime à connaître mon monde, et
bien que je vous aie jugé favorable-
ment d'après les apparences, je ne
vous ferai pas grâce de la confession :
cela rendra notre promenade plus
agréable.

— Il me sera très-facile de vous satisfaire, répondit Simon ; car, quoique
ma vie ait été fort agitée, mon histoire
n'est pas longue.

Et, sans en rien déguiser, il raconta
tous les évènemens de sa vie. César
semblait prendre un vif intérêt à ce
qu'il entendait.

— A la bonne heure donc, sacredieu! s'écria-t-il lorsque Simon eut raconté la mort du comte de Kerkalec,
à la bonne heure! mais, mon camarade, c'était par-là qu'il fallait commencer. A votre place, je n'aurais demandé que vingt-quatre heures pour
envoyer le frère rejoindre ses aïeux et
mettre la sœur dans mon lit : c'était
une chose toute simple, et qui ne devait pas souffrir de difficulté... Ah ça,
j'espère que, dorénavant, votre comtesse ne vous fera plus faire de sotti-

ses.... C'est bien de mépriser les hommes, c'est-très bien ; mais, dans notre
profession, il ne faut pas aimer les
femmes outre mesure.

— Ne vous ai-je pas dit que la haine
est maintenant le seul sentiment qui
puisse trouver accès dans mon cœur?

— Sans doute; mais il me semble
que cette haine là ressemble encore
furieusement à de l'amour. Quoi qu'il
en soit, vous me paraissez être en voie
de guérison, et j'espère que la cure
sera bientôt complète. En attendant,
comme il nous reste encore plus d'une
lieue à faire, je vais vous dire de mon
histoire ce qui mérite d'être raconté.

Le marquis de Belnance, indépen-
damment de ses titres et de quatre
quartiers de noblesse, avait l'avantage
de posséder une très-méchante femme,
une fort jolie fille et une très-belle
terre à trente lieues de Paris. Mécontent de la cour, c'était dans cette terre
qu'il se donnait le plaisir de faire le petit souverain. Le château était pourvu
d'un vieil aumônier : grâce à la marquise, il fut chassé et remplacé par un
beau garçon de vingt-cinq ans tout fraî-
chement sorti du séminaire. Avec une
tête ardente et des passions vives, le
jeune abbé se trouvait mis à de cruel-
les épreuves entre une vieille femme
exigeante et une jeune fille charmante.
La marquise se confessait souvent ; sa

fille était aussi devenue tout-à-coup fort dévote; il en résulta qu'au lieu de faire le salut de la pauvre petite l'abbé lui fit un enfant, compensation qui ne pouvait être du goût de personne.

L'abbé fut chassé; la jolie Laure fut gardée à vue; puis, après ses couches, on envoya l'enfant bien loin de là, pour qu'il fût élevé secrètement et l'on jeta la mère dans un cloître. Ce fut ainsi, mon cher camarade, que je fis mon entrée dans le monde, car cet enfant qu'on enlevait à sa mère et qu'on envoyait si loin du château de Belnance, c'était moi.

Jeune, amoureux et prêtre, c'es deux fois plus de qualités qu'il n'e

faut pour rendre un homme entrepre-
nant; aussi vous pensez bien que mon
père ne se tint pas pour battu : un
jour, après avoir caché une épée sous
sa soutane et mis des pistolets dans ses
poches, il se rendit, vers la fin du jour,
près du château, escalada les murs du
parc avec autant de résolution que l'eût
fait un sous-lieutenant, et comme il savait parfaitement les êtres, il lui fut
très-facile de pénétrer sans être vu
dans la chambre à coucher du marquis. Il se cacha dans une armoire, et
attendit non-seulement que le père de
sa maîtresse fût couché, mais qu'il fût
profondément endormi. Les ronfle-
mens du marquis l'ayant averti qu'il
était temps de quitter sa retraite, il en

sortit doucement, s'approcha du lit, et, plaçant sa bouche à une distance très-rapprochée de l'oreille du marquis, il dit d'une voix qu'il s'efforça de rendre terrible : — Marquis de Belnance, qu'as-tu fait de tes enfans?

Réveillé en sursaut, le pauvre gentilhomme ouvrit les yeux et se disposa à crier; mais au même instant la main de mon père couvrit sa bouche, et l'abbé reprit :

— Si tu fais un geste, si tu dis un mot autrement que pour répondre catégoriquement à ma question, tu es mort!... qu'as-tu fait de tes enfans?

Et le marquis sentit en ce moment le

canon d'un pistolet s'appuyer sur son
front couvert d'une sueur glacée. Il répondit d'une voix altérée que sa fille
était au couvent des Carmélites d'Orléans, et que l'enfant de cette dernière
avait été envoyé dans un village de
la Bourgogne qu'il nomma.

— Assez de paroles, dit l'abbé;
c'est de l'or qu'il me faut maintenant.
Lève-toi, marquis, va à ton sécretaire,
et n'oublie pas qu'au premier mot que
tu t'aviserais de prononcer je t'ôterais
l'envie et le pouvoir d'en ajouter un
second!

Il faut avoir, pour mépriser de tel-
les menaces, dix fois plus de sang dans
les veines qu'on n'en trouverait dans

cinquante individus de la trempe du marquis : aussi ce dernier s'empressa-t-il d'obéir, et deux cents louis passèrent immédiatement de son coffre-fort dans la poche de mon père, qui jamais n'avait été si bien garnie.

— Voilà qui est bien, dit encore l'abbé; mais les lâches, d'ordinaire, ne sont pas discrets, et il est juste que je prenne mes précautions.

A ces mots, tirant son épée, il la passa au travers du corps du gentilhomme; puis, à l'aide d'un briquet dont il s'était muni, il mit le feu au château, et se retira aussi tranquillement que s'il eût fait la chose la plus simple et la plus ordinaire. Dix minutes après, il

était déja loin, et les flammes qui dé-
voraient le château éclairaient sa marche. Vous voyez, mon camarade, que
c'était un rude compère que cet abbé:
ce n'est pas lui qui eût hésité pour poi-
gnarder votre comte de Kerkalec; ce
n'est pas lui qui, pouvant se débarrasser
de son ennemi, lui eût proposé de se
battre à armes égales. Le duel est une
sottise : pour se débarrasser d'un ennemi, le moyen le plus sûr est toujours le meilleur.

Le château fut détruit, le marquis
était mort du coup d'épée, la marquise
mourut de frayeur, et tous deux furent
grillés par dessus le marché. Cependant
mon cher père cheminait vers Orléans.

Son premier soin, dès qu'il y fut arrivé, fut de se présenter au couvent des Carmélites et de demander à parler à l'abbesse. Cette dernière était encore fort bien, quoiqu'elle eût passé la quarantaine; son teint vermeil, ses grands yeux noirs et ses lèvres fortes et fraîches annonçaient qu'elle devait avoir souvent de terribles combats à soutenir contre l'esprit malin, et quoique mon père fût encore bien jeune, il vit tout de suite quel parti il pourrait tirer de cette circonstance.

— Ma chère sœur en Jésus-Christ, dit-il pieusement, je me présente ici de la part de votre ancien directeur...

— Quoi, mon frère! c'est le révérend père Berthaud qui vous envoie!.. serait-il revenu des colonies, où il était allé prêcher la foi !

L'abbé, qui avait parlé au hasard et qui ignorait qu'il existât dans le monde un révérend père Berthaud, fut enchanté d'être ainsi mis sur la voie.

— Il n'est pas revenu, ma chère sœur, dit-il ; je l'ai laissé occupé à convertir les sauvages du Nouveau-Monde, monseigneur l'archevêque de Lyon m'ayant rappelé dans son diocèse. Forcé de traverser presque toute la France et de voyager à pied, je m'étais muni de recommandations; mais notre vaisseau ayant fait naufrage toutes mes lettres ont été perdues.

— C'est très-fâcheux, mon cher frère ; mais il suffit que vous ayez des nouvelles à nous donner de notre vieil ami pour être bien accueilli.

Et en effet des ordres furent donnés pour que mon père fût traité comme l'eût été le père Berthaud lui-même ; pendant deux jours il prêcha, dit la messe, raconta du Nouveau-Monde, où il n'avait jamais mis le pied, des histoires prodigieuses, et l'abbesse finit par être si avide des paroles du jeune apôtre, que le jour ne lui semblant plus suffisant, elle le reçut la nuit pour alonger la conversation.

Cela durait depuis quelque temps ; mon père s'était déjà fait reconnaître de Laure, et elle se tenait prête à le suivre; mais comme il était possible que le voyage qu'ils seraient obligés de faire fût long, l'abbé songeait à augmenter le viatique dont il s'était muni au château de Belnance. Une nuit donc que, couché près de la sensible abbesse, il lui traduisait les joies du paradis, il s'interrompit tout-à-coup, et changeant de langage :

— Ma belle amie, dit-il, il est temps que je quitte cette maison; mais je ne veux pas la quitter seul, et il faut qu'à l'instant même vous me donniez les moyens de sortir avec Mlle de Belnance, ma maîtresse et la mère de mon fils.

— Grand Dieu! que dites-vous?....

Quoi! vous m'abandonneriez, ingrat!.
pour prix de ma tendresse, vous me
jetteriez dans le plus affreux désespoir!
non, cela est impossible!

— Il faut pourtant que cela soit
avant une heure.

— Oh! Albert, Albert, je t'en prie,
ne me tourne pas ainsi le poignard
dans le cœur! ne m'abandonne pas! ne
me fais pas souffrir les tortures de l'enfer!... Tu veux partir : eh bien! je te
suivrai... Je veux vivre, Albert; je veux
vivre... je veux sortir de ce tombeau
où j'ai tant souffert... Ne rejette pas ma
prière. Laure est plus jeune et plus jolie que moi; mais elle ne saurait avoir
le cœur plus tendre et t'aimer autant

que je t'aime... Serait-ce que tu crain-
drais la pauvreté?.... je puis emporter
sans difficulté une somme de vingt
mille écus.

Cette dernière considération était
bien certainement la plus puissante :
vingt mille écus ! à ce prix, l'abbé se
fût engagé à enlever tout le couvent.

— Tout bien considéré, dit-il, je ne
vois pas plus d'obstacles à prendre
deux femmes qu'il n'y en aurait à en
prendre une ; un péché mortel ne saurait devenir plus que mortel, et lorsque le temps sera venu de régler mes
comptes avec le grand pénitencier il
n'en sera ni plus ni moins. Ainsi donc,
ma belle amie, pied à terre, l'argent

en poche, et nous partons tous les trois. Le partage vous semblera peut-être une condition un peu dure dans le commencement, mais Dieu est juste, mes ressources sont grandes, et j'espère me conduire de telle sorte que nous vivrons en bonne intelligence.

Cela ne faisait pas tout-à-fait le compte de l'amoureuse abbesse, mais elle comprit qu'il valait mieux perdre partie que le tout. Elle mit donc, sans plus tarder, la main à l'œuvre. Laure fut éveillée, l'argent empoché, et un peu avant le point du jour les trois fugitifs sortaient de la ville. A deux lieues de là, ils changèrent de costume, ce qui est toujours chose facile quand la bourse est bien garnie, et le lendemain ils arrivèrent à Paris sans avoir de projet arrêté, mais s'inquiétant peu de l'avenir, et fort disposés à noyer dans les plaisirs du présent les souvenirs du passé.

— Mais, mon cher camarade, ne trouvez-vous pas que le soleil commence à être terriblement chaud? La cave du curé est bien garnie, il est vrai; cependant, comme nous ne sommes qu'à moitié chemin, de peur que la parole ne vienne à me manquer si j'avais le gosier trop sec, j'imagine qu'il serait prudent de faire une pose au bouchon que l'on aperçoit d'ici.

Simon accepta la proposition, et ils entrèrent au cabaret.

IV.

IV.

Le fils du curé.

(Suite.)

Après avoir vidé une bouteille et entamé la seconde, César, se sentant la langue plus agile, reprit son récit :

— J'imagine, mon cher camarade,

dit-il, que vous ne me prenez pas pour
un ami des priviléges, et vous avez raison; cependant, il faut bien convenir
que Paris, à l'époque dont je vous par-
lais tout à l'heure, était un véritable
pays de cocagne pour les gens d'esprit.
Or l'abbé en avait autant que de résolution. Grâce aux vingt mille écus de
l'abbesse, il loua un appartement somp-
tueux, et débuta dans le monde en me-
nant un train de ministre. Laure se
trouvait heureuse ; l'abbesse s'était
promptement accoutumée au partage.
La vie était délicieuse pour tous trois.
Malheureusement l'argent diminuait
avec une rapidité prodigieuse : l'abbé
jouait, la toilette de ses maîtresses

était étourdissante... les vingt mille écus durèrent trois mois.

Un soir, après avoir perdu ses derniers louis, l'abbé, ou, si vous l'aimez mieux, le chevalier Albert, rentrait de très-mauvaise humeur. Laure vint pour l'embrasser, il la repoussa; l'abbesse, levant ses longues paupières, fit rayonner sur lui ses yeux pleins de feu; il lui tourna le dos.

— Vive Dieu! s'écria-t-il après quelques instans de silence, à quoi passons-nous notre temps? est-il raisonnable que celui qui peut le moins soit le plus imposé?

— Que voulez-vous dire, mon ami? demanda Laure.

— Je veux dire, ma charmante, que vous êtes belle comme un ange et que ma bourse est vide.

Laure s'était singulièrement formée en trois mois; elle comprit parfaitement, et huit jours après elle était la maîtresse d'un fermier-général qui lui donnait deux mille écus par mois dont l'abbé mangeait les deux tiers. Quant à l'abbesse des Carmélites, lasse d'être négligée et ne voulant pas absolument renoncer aux joies de ce monde, elle s'engagea dans une troupe de comédiens ambulans dont elle avait séduit le père noble, et l'on n'en entendit plus parler.

Tout allait donc pour le mieux;

l'abbé jouait, faisait des dettes, chan-
geait de maîtresse tous les jours et se
battait vingt fois par mois : il n'y avait
pas à Paris d'homme plus heureux que
lui. Laure continuait à se conduire ad-
mirablement : au fermier-général avait
succédé un ambassadeur qui avait bientôt été remplacé par un prince du sang.
Cela dura long-temps, mais rien n'est
stable ici-bas. L'abbé, qui eût mangé le
revenu du royaume, finit par être tellement criblé de dettes, malgré les efforts de Laure, que cette dernière résolut de l'abandonner ; il voulut faire
du bruit, une lettre de cachet l'envoya
à la Bastille, où on l'oublia.

De longs jours s'écoulèrent, puis

des mois, puis des années ; Laure semblait avoir entièrement oublié son
premier amant, qui de son côté ignorait
ce qu'elle était devenue, et dont toutes les sollicitations pour obtenir sa
liberté étaient vaines. Ce ne fut qu'au
bout de dix ans de captivité qu'il ap-
prit enfin que Laure, après avoir passé
bien des fois de la robe à l'épée et de
l'épée à la robe, appartenait à un évêque qu'elle ruinait le plus dévotement
du monde. Il n'avait rien perdu de son
énergie, mais ses menaces avaient eu
si peu d'efficacité qu'il résolut d'avoir
recours à la prière. Ce fut dans ce sens
qu'il écrivit à Laure : il avouait avoir
eu de grands torts, mais il affirmait
que les années l'avaient bien changé,

et que désormais une vie douce et calme était tout ce qu'il ambitionnait. Laure fut émue, l'abbé recouvra sa liberté, et l'evêque lui donna une cure de village.

Laure vieillit, les amans lui manquèrent: elle n'avait jamais songé à l'avenir. Mon père lui pardonna et la prit pour gouvernante ; elle mourut au presbytère et peu s'en fallut qu'on ne la canonisât.

Cependant, j'avais grandi dans le fond de la Bourgogne, où m'avait relegué le marquis ; à quinze ans je me fis soldat, à dix-huit je tuai mon capitaine, à vingt je commandais une compagnie de braves gens qui avaient jugé

convenable de quitter le service pou
travailler à leur compte au rétablisse
ment de l'égalité des fortunes. C'est u
métier où les succès sont souvent mê
lés de revers, comme vous l'apprendrez

. Un jour que, séparé de tout moi
monde, j'étais poursuivi et serré de très
près, je me réfugiai dans une église de vi
lage où, blotti derrière le maître-autel
j'attendis que la nuit me permît de gagne
la retraite commune. Le soir vint, le
portes de l'église furent fermées, ce qu
m'inquiéta peu, comptant sur l'adress
que j'avais acquise pour les ouvrir fa
cilement; mais les serrures se trouvè
rent beaucoup plus solides que je n
l'avais imaginé. Forcé de sortir pai
l'une des fenêtres, je me trouvai dan

le jardin du presbytère : il faisait un temps horrible, l'eau tombait par torrens ; j'étais, en outre, exténué de fatigue et de faim. Il y avait de la lumière au rez-de-chaussée ; je m'approchai d'une croisée, et je vis le curé qui, calme en dépit du tonnerre qui faisait trembler les vitres, achevait une volaille et vidait une bouteille. — Parbleu ! me dis-je, ce doit être un bon vivant, entrons…. Je frappe.

— Qui est là ?

— Un voyageur surpris par l'orage.

— Un voyageur dans mon jardin !… vous prenez une singulière route, mon camarade !

— Soyez sans crainte; je ne vous
veux point de mal.

— Recommandation inutile, l'ami;
la crainte, je ne la connais pas; et qui
que tu sois, j'en ai certainement mis à
la raison de plus terribles que toi. Entre donc et explique-toi.

La porte s'ouvrit, j'entrai sans hésiter, et le curé, armé d'un flambeau,
s'avança vers moi après avoir mis les
verroux; mais à peine eut-il jeté les
yeux sur moi qu'il faillit tomber à la
renverse et s'écria :

— Miséricorde! c'est Laure, Laure
elle-même!...

— Laure! répondis-je un peu surpris;

si ma nourrice n'a pas menti, c'était le
nom de ma mère.

— Sa mère!... Et votre père, jeune
homme?...

— En femme discrète, ma nourrice
ne m'en a jamais parlé.

— Vous avez été élevé en Bourgogne?

— Est-ce que cela est écrit sur mon
visage?

— Au village de Saint-Paul?

— Je crois, le diable m'emporte,
monsieur le curé, que l'un de nous
deux est sorcier!

— C'est le ciel qui t'envoie!

— C'est possible, avec l'aide de la maréchaussée.

— Embrasse-moi; je suis ton père!

Ce fut lui qui se jeta dans mes bras; car, à mon tour, la surprise m'avait rendu immobile. Il me fit asseoir, et quand l'émotion fut un peu calmée, ce fut, de part et d'autre, un feu croisé de questions et de réponses. Je lui dis, sans hésiter, la profession que j'exerçais et l'accident qui m'avait obligé à chercher une retraite dans l'église, bien persuadé qu'un curé qui retrouvait un fils de vingt ans devait être fort indulgent. Mon père parut peu surpris de ce que je lui dis. Je m'attendais à un sermon, et je fus agréablement trompé quand le saint homme me dit :

— On ne fait pas sa vie : où la chèvre est attachée il faut qu'elle broute. Il n'y a pas grand mal à prendre son nécessaire sur le superflu d'autrui, et c'est l'histoire de bien des gens, les moyens seuls sont différens. Je n'ai qu'une recommandation à te faire, c'est de penser à l'avenir ; mon histoire pourra te servir de leçon.

Et aussitôt il me raconta tout ce que vous savez. Puis, au point du jour, nous nous séparâmes avec promesse de nous revoir bientôt. A partir de ce jour, le presbytère me servit souvent de refuge : aussi eus-je grand soin de le tenir bien approvisionné. La révolution vint, les églises furent fermées, presque tous les prêtres disparurent : grâce à moi, mon père resta sans danger à son poste ; car il est peu de gens dans le canton qui ne m'aient quelques obligations, et je sais me faire craindre de ceux qui ne m'aiment pas. Sur ce, mon camarade, en route ; car mon père dîne de bonne heure, et il serait désagréable d'arriver après le dessert.

— Décidément, pensait Simon, l'espèce humaine est la fange de la création.

Ils arrivèrent au presbytère. Deux heures après le dîner, César dormait sur la table, le curé ronflait dans son fauteuil, et Simon, dont le vin ne pouvait égayer l'humeur sombre, se demandait s'il ne ferait pas bien d'en finir en se faisant sauter la cervelle après avoir mis le feu à ce repaire.

V.

V.

Un bal.

Malgré la disposition d'esprit dans laquelle il se trouvait, Simon avait fini par suivre l'exemple de ses deux con-vives et s'était endormi dans un fauteuil. Il faisait jour lorsque tous trois se réveillèrent successivement.

— Sacredieu, mon père! s'écria César, nous sommes de fiers animaux de ne jamais nous défier de ce scélerat de pommard qui nous endort comme des brutes!

— Allons, César, ne déclame pas contre un vieil ami auquel nous devons tant de douces consolations. Dormir, c'est mourir, dit-on; mais qui donc ne consentirait à mourir à l'instant même avec la certitude de ressusciter immédiatement?

—Eh! à quoi bon ressusciter? dit Simon; pour revoir et entendre les

mêmes turpitudes!... Pour moi, si la
mort me semble désirable, c'est précisément parce que je la crois éternelle.
Quel charme peut avoir la vie quand
on en connaît toutes les misères? comment désirer faire un long séjour
parmi les hommes quand il est impossible de ne pas les mépriser ou les haïr?
Quel est le malheureux qui, ayant quelque chose dans la tête et dans le cœur,
ne se sente pas mal à l'aise dans cet
atmosphère de corruption, où la lâcheté, la sottise, toutes les passions
basses et viles, s'agitent et prospèrent?...

— Mon cher camarade, interrompit César, nous sommes d'accord sur

le principe, mais nous ne le sommes
point sur les conséquences. Que la majorité soit corrompue comme vous le
dites, je le crois ; mais faut-il lui abandonner la place par cela seul qu'elle
en est moins digne? est-ce parce
qu'elle ne mérite pas de vivre que vous
voulez lui rendre la vie plus douce?
Pour moi, je pense qu'il vaut mieux
tuer le diable que de se laisser tuer
par lui ; je veux une large part des joies
de ce monde ; je ne crains pas la mort,
mais je suis loin de la regarder comme
un bien. Sacredieu! n'y a-t-il plus au
monde de bon vin, de jolies filles, de
frais ombrages, etc, etc?

— Mais cette part que vous voulez

vous ne pouvez l'obtenir que le poignard à la main.

— Je l'obtiens, parce que je suis le plus fort et le plus adroit : qu'importent les moyens, si la fin est ce que je veux qu'elle soit!... Est-ce que, par hasard, mon camarade, il vous répugnerait de jouer du poignard sur cette majorité qui vous semble si infâme et si vile et qui ne ferait pas difficulté de jeter votre tête au bourreau ou votre corps au bagne, si elle y trouvait le moindre intérêt? Vous qui ne croyez ni à Dieu ni au diable, ni à une autre vie, auriez-vous des scrupules religieux?... C'est possible : il y a de si grandes misères dans l'esprit humain! S'il en était ainsi, nous aurions encore de quoi vous rassurer, et mon respectable père, à ma sollicitation, s'engagera à vous donner autant d'absolutions que vous en voudrez.

— Ne touchons pas cette corde-là, César, dit le curé. Menons joyeuse vie, mes enfans, jouons avec les choses humaines, mais ne touchons pas aux choses divines.

— Oh! oh! reprit César, il paraît que les fumées de ce scélérat de pommard ne sont pas encore dissipées. Chassons-les avec du champagne, et que ça finisse, car je ne suis pas d'humeur à vous entendre dire des bêtises. Allons donc, Catherine! est-ce que nous avons l'habitude de dormir les uns sans les autres?... Nom de dieu! plus on dort, moins on vit, et je veux vivre, moi!

La vieille Catherine, qui avait succédé à Laure, se leva péniblement, et la journée commença comme la précédente avait fini, c'est-à-dire que la table se garnit de bouteilles, que les verres s'emplirent et se vidèrent avec une rapidité merveilleuse, et que, à la discussion philosophique succéda la joie la plus bruyante. Simon lui-même, sentant le besoin de s'étourdir afin de n'avoir pas à subir une controverse qui lui semblait ignoble, but largement, et finit par se trouver promp-

tement à la hauteur de ses convives,
de sorte que, lorsque, vers midi, ils se
séparèrent, la bonne harmonie avait
remplacé toute discussion.

— Ma foi, mon camarade, dit César lorsqu'ils se furent mis en marche
pour retourner au quartier-général,
j'avoue que je vous avais cru dans d'autres dispositions d'esprit. Ce n'est pas
que je regrette de m'être trop avancé;
car je suis persuadé que ce qui vous
manque vous l'aurez bientôt acquis
parmi nous, mais j'aurais peut-être
dû procéder autrement.

— Soyez tranquille, capitaine; je
veux dès aujourd'hui n'avoir rien à ac-
quérir, je suis las de ce long débat en-

tre deux principes, et ce n'est pas la
première fois que je me demande ce
que c'est qu'un principe, ce que c'est
que bon et mauvais, et si tout n'est pas
nécessairement subordonné à notre
organisation. Je vivrai jusqu'au bout,
mais je veux vivre désormais sans penser, vivre pour vivre, pour jouir ma-
tériellement, vivre de la vie des brutes.... Eh! en quoi sommes-nous donc
si supérieurs aux brutes? Nous n'avons
véritablement d'autre instinct que celui de la conversation et du bien-être
matériel; tout le reste dérive de là,
même ce que nous appelons les sen-
timens les plus nobles...

— Eh bien, à la bonne heure! j'aime

mieux vous entendre parler sur ce
ton-là que sur l'autre ; en deux mots,
cela veut dire que nous sommes ici-
bas pour vivre et jouir, et que nous
n'avons rien de mieux à faire que de
remplir ces deux conditions de notre
existence. C'est tout à fait mon opi-
nion, et je ne néglige aucun moyen
pour la mettre en pratique. Puisque
vous en êtes-là, comme moi, j'espère
que vous serez plus content de la journée qui commence et de celle qui la
suivra que de celle que nous venons
de passer au presbytère ; mais il faut
bien varier ses plaisirs pour les rendre
vifs.... Si les camarades reviennent de
bonne heure et que le succès ait été
complet, nous serons en mesure de

faire long-temps bombance sans nous occuper d'autre chose...... Pressons le pas, de peur qu'ils n'arrivent avant nous.

Ces promesses d'orgie n'étaient pas de nature à flatter beaucoup Simon, mais elles n'avaient rien qui pût lui déplaire. On continua donc d'avancer rapidement, et l'on arriva bientôt à la maison de Jean. Ce dernier, en sabots, le bonnet de coton sur la tête et la pipe à la bouche, se promenait gravement devant la façade de sa masure. Tout autre lui eût trouvé l'air impassible; mais l'œil exercé de César reconnut aisément sur le visage du vieillard quelques symptômes d'inquiétude.

— Qu'y a-t-il donc, Jean? demanda-t-il en l'abordant.

— Je n'en sais rien, capitaine, et c'est justement-là ce qui m'inquiète : personne n'a reparu depuis votre départ, cela n'est pas naturel, et j'ai grand' peur que les culottes jaunes se soient trouvées en force là-bas.

— Impossible! mes renseignemens étaient exacts; ils venaient de plusieurs sources et s'accordaient parfaitement. La veille même du départ, mon père avait confessé la femme du chef de brigade, et les receveurs sont trop intéressés au succès pour nous tromper.

— Mais l'escorte n'a-t-elle pas pu

être plus nombreuse qu'ils ne l'avaient prévu?

— Quand ils auraient été escortés par dix légions de diables, ils n'auraient pas tué nos hommes jusqu'au dernier, et nous en aurions des nouvelles : c'est justement parce que pas un n'a paru jusqu'à présent que je suis sans inquiétude.

César avait à peine cessé de parler lorsque trois compagnons arrivèrent ; ils paraissaient harassés de fatigue.

— Revenez-vous les mains vides? demanda le capitaine.

— Les mains, oui, mais non les poches, répondit l'un d'eux. Pourtant ce n'est pas sans peine que nous sommes parvenus à les emplir; je crois que l'enfer avait vomi tous les gendarmes de la république dans cette forêt de Fontainebleau.

— Et j'espère que vous avez étrillé cette racaille comme elle le mérite !

— Racaille tant que vous voudrez, capitaine, mais cette racaille avait du cœur au ventre, et il a fallu en découdre... Heureusement nous n'avons pas de blessés....

— Tant mieux !

— Et nous n'avons que six morts.

— C'est beaucoup; mais au moins la caisse était-elle bien garnie?

— Assez, car il nous eût été impossible d'en emporter davantage ; mais
ce n'était que de l'argent, et je crois
que les receveurs, qui ont disparu au
premier coup de feu, étaient pres-
.que autant chargés de louis que nous
le sommes d'écus.

— Bon! je les retrouverai, et nous
compterons ; je ne devais leur donner
que le quart de la prise. En attendant,
vive la joie ! reposez-vous jusqu'à ce
soir, et j'espère que nous souperons
gaîment ; je veux que nous chantions,
pour les camarades, un office des
morts où il n'y ait rien à redire.

Bientôt tous les compagnons arrivèrent trois par trois ; la bande en-

tière descendit dans la carrière, et, après avoir vidé quelques bouteilles, chacun s'endormit profondément, à l'exception cependant de César, qui sortit afin de faire les préparatifs de la fête qu'il avait promise.

Le soir était venu, et tout le monde dormait encore dans cette demeure souterraine, qui semblait alors un vaste tombeau, lorsque la voix du capitaine fit retentir les voûtes.

— Allons, mes amis, sur pied!... Il faut que nous soyons à table dans un quart d'heure, et nous avons pour dix minutes de chemin d'ici au *Lion-d'Argent*.

Personne ne se le fit répéter, et à ce
silence de mort qui régnait tout à
l'heure succédèrent des chants et des
cris de joie. Tout cela était si nouveau
pour Simon qu'il ne savait encore s'il
devait se réjouir ou se repentir de se
trouver en pareille compagnie. Enfin
l'on se mit en route, et toute la bande
arriva bientôt à l'auberge du *Lion-d'Ar-*
gent. Le couvert était mis, et il se faisait dans l'intérieur un mouvement qui
annonçait que l'argent n'avait pas été
épargné.

— Mes amis, dit César, la séance
est ouverte; à table, et que chacun
fasse son devoir!

Un houra général répondit à cette

allocution, et pendant quelques instans on n'entendit plus que le cliquetis
des fourchettes et des verres. Les mets
étaient nombreux et choisis, et le service parfaitement ordonné.

— Ma foi, se disait Simon, si le
bien-être matériel est tout, il faut
avouer que ces gens-là mènent la vie
la plus agréable qu'il soit possible d'i-
maginer ; ils jouissent de tout sans
avoir à redouter la satiété, et ne connaissent aucune de ces entraves qui,
dans le monde, apportent sans cesse
des restrictions aux plaisirs.

Comme il faisait cette réflexion, le
deuxième service succédait au premier,

et une musique délicieuse se faisait entendre dans la pièce voisine.

— Mes amis, dit César en se levant,
à la mémoire de nos braves camarades !

Ce toast fut accueilli par des accla-
mations générales, et bientôt à cette
pensée de mort succéda la gaîté la
plus bruyante. Enfin, au dessert, vingt
jolies filles firent tout à coup irruption
dans la salle du banquet, et les éclats
de la joie redoublèrent, en même
temps que les bouteilles circulèrent
avec plus de rapidité ; puis on se leva
de table, des quadrilles se formèrent,
et le bal commença.

—Allons donc, camaràde, dit César à Simon, qui semblait se tenir à
l'écart, il y en a pour tout le monde,
et ce ne sont pas des béguecules à se
faire long-temps prier. D'ailleurs, le
prix est fait, elles sont à nous jusqu'à
demain, et il n'en sera ni plus ni
moins.

Ces paroles n'étaient pas de nature
à faire renoncer Simon au rôle d'ob-
servateur qu'il semblait avoir adopté ;
mais il comprit que cette réserve pourrait donner de lui une assez mince opi-
nion à ses compagnons, et il parvint
aisément à s'étourdir.

—Allons donc, croque-notes! criait

César, ferme sur la chanterelle, et en avant les catins!...

Ces recommandations étaient assez inutiles, car les musiciens, auxquels le vin n'avait pas été épargné, faisaient un tintamarre infernal, et ces demoiselles n'étaient pas en arrière d'un verre de champagne. Cela durait depuis plusieurs heures, et ne semblait pas devoir finir de sitôt, lorsqu'un homme en sabots et en bonnet de laine parut dans la salle : c'était Jean. Il s'approcha du capitaine, l'attira dans l'embrasure d'une fenêtre, et lui dit quelques mots à voix basse.

— Et tu es sûr qu'ils ne sont que

six ? demanda César après l'avoir
écouté attentivement.

—Pas davantage ; mais n'est-ce rien?

— C'est quelque chose de peu re-
doutable, Jean, et j'espère bien que
cela ne troublera pas la fête..... au
contraire, nous les ferons danser; ça
sera original.

A peine avait-il fini de parler que
des pas pesans se firent entendre dans
l'escalier.

— Mes amis, s'écria César, je vous
annonce la visite de messieurs les gendarmes !

Il se fit une sourde rumeur, et la
danse cessa tout à coup.

— Et allez donc ! sacré mille diables ! reprit le capitaine, plus on est de fous plus on rit, et ces messieurs ont assez souvent payé les violons pour qu'il leur soit permis de danser.

En ce moment les six gendarmes entrèrent.

— Au nom de la loi, dit le brigadier, je vous ordonne à tous de dire qui vous êtes et de montrer vos papiers.

— Mon garçon, répondit César, il est bien possible que nous ayons quelques vieux comptes à régler avec vous, mais le temps est mal choisi.

— Obéissez, ou je vous arrête !

— Et moi je vous invite à faire une contredanse.... Les danseuses ne manquent pas, comme vous voyez ; elles sont jeunes et gentilles, et, de plus, les gendarmes ne leur font pas plus de peur qu'à nous.

— Vous insultez les dépositaires de la force publique.....

César répliqua par un coup de sifflet, et en un clin d'œil les gendarmes furent entourés et désarmés. Alors les cris de joie redoublèrent, les filles se pressèrent autour des nouveaux venus, tout décontenancés et se repentant fort de s'être ainsi aventurés. Les pauvres gens ne s'étaient jamais trouvés à pareille fête, et ils ne souhaitaient rien

plus vivement maintenant que la permission de tourner les talons et de
partir plus vite qu'ils n'étaient venus ;
mais ce n'était pas là le compte de la
bande joyeuse.

— Allons, respectables dépositaires
de la force publique, s'écria César,
faites comme nous!...Que diable! vous
étiez intrépides tout à l'heure, et vous
ressemblez maintenant à des figures
de cire.... Est-ce que la vue de ces da-
mes ne vous dit rien?.... elles sont
pourtant gentilles; je les ai choisies
sur trois cents.... Il est vrai que ce
n'est pas là le gibier que vous cher-
chiez; mais il est impossible que le
gendarme français soit insensible à la

beauté.... Allons, deux hommes de garde à la porte.... Vous voyez bien qu'il faut en prendre votre parti.... à moins pourtant que vous n'aimiez mieux faire le saut périlleux par la fenêtre.

Et comme, malgré ces invitations, le brigadier et ses hommes restaient immobiles, le visage de César devint pâle tout-à-coup, ses yeux étincelèrent, et il dit en grinçant des dents :

— De par tous les diables! vous danserez tout à l'heure, ou je vais vous endormir pour l'éternité!

Aussitôt la lame de son poignard brilla dans ses mains, et à ce signal

vingt autres lames sortirent du four-
reau. L'argument était sans réplique ;
l'orchestre sembla doubler de vigueur,
et les six gendarmes firent assaut de
légèreté. C'était quelque chose de
vraiment curieux que ces hommes
sur le visage desquels se peignait la
rage, faisant des ronds de jambe et des
entrechats au son d'une musique délicieuse que couvrait de temps en temps
les bruyans éclats de rire des filles et des
bandits. Cela dura jusqu'au jour, et il
fallut que les gendarmes dansassent
presque sans désemparer ; il est vrai
que les rafraîchissemens ne leur man-
quaient pas, la consommation du
punch et du champagne était prodigieuse, et il n'était pas plus permis

aux six pauvres diables de laisser leurs
verres pleins que de se reposer.

Enfin, aux premiers rayons du soleil,
César ordonna une halte en même
temps qu'il faisait servir vingt bols de
punch.

— Ça, mes amis, dit-il aux gendarmes, vous devez être contens de vous.
Il est certain que si vous aviez été les
plus forts, ce n'eût pas été avec des
violons, du punch et des jolies filles
que vous nous eussiez fait reconnaître
votre autorité; mais il y a loin de vous
à nous. Toutefois, nous ne nous quit-
terons pas sans boire ensemble le coup
de l'étrier....

Et en parlant ainsi il versait le punch dans des verres énormes. Il fallut boire comme il avait fallu danser, et deux heures après, les six gendarmes désarmés dormaient sur une table, tandis que la bande joyeuse courait les champs.

VI.

VI.

La fille de joie.

Le temps était superbe; la bande joyeuse folâtrait dans la campagne sans plus s'inquiéter de ce qui venait de se passer au *Lion-d'Argent* et des

suites que pouvait avoir cette aven-
ture que si tous eussent été les gens
les plus irréprochables du monde.
L'une des vingt filles qui avaient si
puissamment contribué aux joies de la
nuit avait pris en sortant le bras de
Simon, qui l'avait laissée faire d'assez
bonne grâce. Une fois au milieu de la
campagne, la société s'était séparée,
chaque couple recherchant instinctivement la solitude. Ce fut alors seulement que Simon, regardant sa compagne , remarqua qu'elle était jeune et
jolie.

— Parbleu ! se dit-il, le hasard me
sert mieux que je ne le mérite... peut-
être cependant ne dois-je pas trop me

féliciter, et la pauvre petite, malgré
son air joyeux, a probablement grande
hâte de me quitter.... Le mal ne serait
pas grand ; voyons ce qu'il en est.

Et s'adressant alors à sa jolie compagne :

— Ma belle amie, lui dit-il, je ne
prétends pas vous faire subir toutes
les conséquences du marché que vous
avez conclu, si tel n'est pas votre désir.
Vous êtes trop jolie pour que je
veuille devoir à la nécessité ce que je
serais heureux d'obtenir de votre bonne
volonté. Je vous déclare que vous pouvez vous retirer si cela vous convient.

— Je m'en irai si vous me renvoyez,

dit la pauvre fille en baissant les yeux, mais je ne crois pourtant pas vous avoir donné sujet de me traiter ainsi.

— Eh! mon enfant, c'est parce que vous me paraissez digne d'un meilleur sort que je ne veux pas vous traiter comme les gens de ma profession traitent ordinairement les femmes de la vôtre; mais je ne vous chasse point, et je serai au contraire très-satisfait de passer avec vous le reste de la journée.

— Et moi je ne demande pas mieux que de ne pas vous quitter.

— Que votre volonté soit faite, ma belle amie; car c'est, en tout ceci, de la vôtre qu'il s'agit.

Soit que cette nuit d'orgie ait eu
quelque influence sur le caractère de
Simon, soit que la beauté de la campagne, la douce chaleur du printemps
et les beaux yeux de la jeune fille fussent suffisans pour adoucir la rudesse
de ses manières, il se sentit plus heureux qu'il ne l'avait été depuis long-
temps. Ils marchèrent ainsi pendant
quelques instans sans parler davantage
et arrivèrent sur la lisière d'un petit
bois.

— Ne sentez-vous pas le besoin de
vous reposer ? dit Simon.

— Je n'ai d'autre besoin maintenant
que celui de vous être agréable, et je

serai bien ici tant qu'il vous plaira d'y
rester.

— J'en étais sûr, se dit mentalement
Simon, elle ne me comprend pas, et
elle ne songe qu'à gagner son argent...
Que l'espèce humaine est ignoble !

Et se jetant de nouveau à corps
perdu dans sa philosophie de pessi-
miste, il se laissa tomber sur le gazon,
et il se passa un quart-d'heure sans
qu'il prononçât un mot. Aussi sa surprise fut-elle grande lorsque, ses regards distraits s'arrêtant sur le visage
de la jeune fille, il le vit baigné de larmes.

— Qu'avez-vous, ma chère enfant?

lui dit-il en se tournant vivement vers elle.

— Rien.... seulement j'avais espéré un instant que vous me traiteriez un peu mieux que je ne le mérite.... vous m'aviez semblé si différent de vos amis !

— Oui, je suis loin de les valoir, n'est-ce pas ?... je suis sombre, bourru, fantasque.... Pauvre petite! vous pouviez être mieux partagée; mais pourquoi vous être attachée à moi? pourquoi m'avoir suivi presque à mon insu? ne voyiez-vous pas qu'il n'y avait rien à attendre d'un homme dont le cerveau est si malade?...

— Pourquoi?.... c'est que.... il me semblait que je vous aimais.... Oh! ne vous fâchez pas... Le bal, la musique, tout le reste m'avait peut-être enivrée, et parce que je vous aimais je me persuadais que vous deviez m'aimer... J'oubliais... ou plutôt je n'oubliais rien; je comparais nos conditions, et j'y trouvais une espèce d'égalité qui me faisait moins regretter d'être tombée si bas.

Ces paroles, la manière dont elles étaient prononcées, produisirent sur Simon un effet prodigieux : pendant quelques instans il crut rêver.

— Ou vous êtes une femme divine, dit-il, ou vous êtes une excellente co-

médienne; mais, dans tous les cas,
vous méritez un meilleur sort que ce-
luï que vous subissez maintenant.

Elle soupira et ne répondit point.
Simon était presque attendri; il ne se
rappelait de sa vie, en ce moment, que
le peu de jours heureux qu'il avait passés près de Mme de Saint-Alvar; il se
disait qu'il avait eu tort de rendre le
genre humain tout entier solidaire de
quelques individus, et que ce monde
n'était pas si détestable, puisque, dans
les classes les plus abjectes, il pouvait
se rencontrer des âmes comme celle
que montrait cette jeune fille. Il se rapprocha d'elle, lui prit les mains, et reprit :

— Dites-moi vos chagrins, mon enfant; car vous en avez eu de grands, je le devine... Je veux être votre ami, votre confident, votre conseil; je vous aiderai de tous mes moyens à sortir de la position où vous êtes, et à rentrer dans le monde, où il ne doit y avoir pour vous que des plaisirs.

— Eh! que m'importe tout cela si vous ne m'aimez pas!

— Je vous aimerai, mon ange, je vous aimerai comme je puis aimer; mais que ferez-vous de l'amour d'un homme dont la vie ne doit être qu'un long tourment?

— Oh! j'en serai fière et heureuse;

je souffrirai avec lui, et cette souffrance me sera plus douce mille fois que tous ces plaisirs dont vous me parliez tout à l'heure.

La surprise de Simon allait croissant, et il y avait bien long-temps que les battemens de son cœur n'avaient été à la fois si précipités et si délicieux. Il attira doucement la jeune fille vers lui, appuya ses lèvres sur ces joues mouillées de larmes.

— Oui, oui, dit-il, je sens que je puis et que je dois t'aimer !

Il y avait encore de l'enthousiasme dans ce cœur si profondément ulcéré ; il suffisait d'une étincelle pour réveil-

ler ce feu mal éteint. Le visage de la
jeune fille était devenu radieux, l'un
de ses bras s'était arrondi sur les épau-
les de Simon, leurs têtes se touchaient,
et de ses lèvres vermeilles s'échappè-
rent lentement ces mots :

— Je te dirai tout... oui, je veux tout
te dire, car tu me pardonneras.....
tu feras la part de la fatalité, contre laquelle toutes les résistances sont vaines.

— Ne sais-je pas cela mieux que toi,
enfant? Parle donc.... il y a si long-
temps que je n'ai senti sur mon cœur
couler le beaume que tu viens d'y ré-
pandre !

Elle appuya son joli visage sur ses

mains blanches, se recueillit quelques instants, puis releva sa tête angélique, passa ses doigts effilés dans les boucles touffues de ses noirs cheveux, et commença ainsi :

— Je suis née sous le beau ciel de la Provence ; mon père, le comte de Valenci, était jeune et riche ; ma mère belle et aimable. Les premières années de ma vie furent délicieuses ; à douze ans, le chagrin, la douleur, n'étaient pour moi que des mots ; mes volontés semblaient des lois suprêmes que j'avais à peine le temps de formuler avant qu'elles fussent exécutées ; jamais le plus léger nuage n'avait troublé mes joies d'enfant, jamais la moindre con-

trariété n'était venue aiguiser mes inno-
cens plaisirs, lorsque tout à coup je
passai de cette tant douce quiétude,
de cette vie divine, aux douleurs et aux
agitations d'une vie infernale.

L'orage révolutionnaire, qui gron-
dait depuis quelque temps, vint écla-
ter avec fracas sur notre beau pays.
Le départ de mon père pour les États-
Généraux fut le premier chagrin qui
pénétra dans notre château, situé près
de Marseille, que je n'avais jamais
quitté. A partir de cette époque, les
évènemens marchèrent vite, et vous
savez de quel cortége de maux ils étaient
accompagnés. Mon père ayant refusé
de se réunir au tiers-état revint près

de nous, et avec lui vinrent la terreur,
la haine, la vengeance. Le comte ne
manquait point de courage et de résolution ; il voulut faire tête à l'orage , et
tenta de repousser la force par la force.
Fort de son droit, il n'hésita pas à
prendre les armes pour le soutenir,
et comme ses amis et les gens qui
avaient foi en lui étaient nombreux, il
se vit bientôt à la tête d'un parti capable de se faire craindre ; mais que peut
le courage contre le nombre ? Les ba-
taillons républicains semblaient sortir
de la terre : c'était une horrible tem-
pête qui écrasait les hommes et semblait menacer Dieu.

Mon père fut pris les armes à la

main dans les environs de Bordeaux,
ma mère arrêtée chez elle et jetée dans
l'une des prisons de Marseille. Ce fut
à grande peine que ma jeunesse me
sauva ; on se disposait à me jeter en
croupe derrière un gendarme, lorsque mon père nourricier, brave et hon-
nête fermier, se présenta et eut le courage de me réclamer.

— C'est ma fille, dit-il ; et vous ne
direz pas que je suis un aristocrate,
moi qui ne possède pas un pouce de
terre.... Cet enfant est tout mon bien,
et ce bien-là n'est pas de ceux avec les-
quels vous voulez enrichir la nation.

—Tais-toi donc, animal! répondit le
brigadier, qui me tenait dans ses bras ;

en seras-tu plus gras quand tu auras
donné ton pain à manger à ces bri-
gands?

—Et vous, répliqua le brave Joanni,
croyez-vous engraisser la république
avec ce butin ?

— Il a, ma foi, raison|, dit le gen-
darme ; ça ne vaut pas le port.

Et il permit au bon fermier de
m'emmener. Oh! comme je souffrais!
mon pauvre cœur était horriblement
froissé, et l'excès de la douleur finit
par me rendre presque insensible. Cependant on ne négligeait rien à la
ferme pour rendre ma position sup-
portable ; Joanni se rendait tous les

jours à Marseille, et rapportait, chaque soir, des nouvelles de ma mère :
elle souffrait avec résignation. Il fit
même, à plusieurs reprises, le voyage
de Bordeaux pour voir mon père,
dont le procès s'instruisait, et qui en
attendait l'issue en toute sécurité,
comptant sur le grand nombre de par-
tisans qu'il avait dans le pays ; car on
ne jetait pas encore les têtes au bourreau avec la profusion des derniers
temps ; mais cela ne tarda pas à changer.

Déjà, depuis plusieurs jours, j'a-
vais remarqué que mes hôtes faisaient
tous leurs efforts pour cacher la profonde tristesse qui les accablait. Je

multipliai les questions, je priai, je
menaçai, et j'appris enfin que les es-
pérances de mon père étaient presque
entièrement évanouies. Le représentant du peuple envoyé à Bordeaux
pour activer les exécutions était inexo-
rable ; c'était, disait-on, un tigre insa-
tiable de sang humain dont il ne fallait
espérer ni pitié ni justice.Mon désespoir
fut affreux d'abord ; je maudissais la
vie dans laquelle j'entrais à peine ;
puis, tout à coup, je me sentis une
énergie et une force presque surhu-
maines : je déclarai que je voulais partir à l'instant même pour Bordeaux.
Ce fut inutilement que mon père nourricier et ma bonne mère Joanni ten-

tèrent de s'opposer à l'exécution de ce projet.

— Je partirai seule si vous refusez de m'accompagner, dis-je au brave fermier. Et quel danger puis-je courir? croyez-vous que ces bourreaux en veuillent à ma vie? Quand cela serait, je n'hésiterais pas. Pourrai-je consen‑ tir à vivre quand ils auront tué mon père? Je veux voir en face ce farouche représentant; je lui demanderai s'il n'a pas aussi un père qui l'aime, s'il n'a pas une fille qui mourrait de douleur en apprenant que la vie de son père est menacée; puis je le prierai, je me jetterai à ses pieds, et s'il est inflexi‑

ble.... eh bien! avant de partir vous me donnerez un poignard!

— Pauvre enfant! dit le fermier en levant les yeux vers le ciel.

— Non, non, Joanni, je ne suis plus une enfant; je ferai ce que je dis, je le ferai avec vous ou sans vous, et il n'est pas de puissance humaine capable de m'arrêter. Je partirai aujourd'hui même ou j'aurai cessé de vivre demain.

La manière dont ces dernières paroles furent prononcées effraya si fort ces bonnes gens qu'ils ne songèrent plus à me résister. Joanni finit même par se persuader que mon intervention aurait tout le succès que j'en attendais, et il se hâta de faire les préparatifs du départ : deux jours après nous étions à Bordeaux.

Ici, soit que les fatigues de la nuit se fissent plus fortement sentir, soit que le souvenir de ses malheurs fît sur la jeune fille une impression trop violente, sa voix s'altéra de telle sorte qu'il lui fut impossible de continuer.

— Pauvre enfant, dit Simon, tu as besoin de repos, et je n'ai point d'asile à t'offrir !

— Sommes-nous donc dans un désert? demanda-t-elle en souriant.

— Cela est vrai, pensa Simon ; nous

sommes dans le pays le plus civilisé de la terre... et cependant, si je n'avais pas d'argent!...

— A quoi penses-tu donc ainsi? reprit la jeune fille.

— Je pense, ma belle amie, qu'un désert n'est pas chose aussi horrible qu'on l'imagine.

— C'est vrai, car j'y serais bien heureuse avec toi.

— Sur mon âme, tu me donnerais l'envie de chercher un monde meilleur, un monde digne de nous....

— Et moi, je voudrais le chercher

tout de suite, si nous pouvions espérer
de le trouver.

— Peut-être, dit Simon en se levant; le monde est vaste, et le génie
du mal s'y trouverait trop à l'aise s'il
avait tout conquis.

Sa compagne s'était levée en même
temps que lui; elle s'appuya de nouveau sur son bras, et deux heures
après ils étaient assis bien près l'un de
l'autre sur un sopha dans l'un des meil-
leurs hôtels de Paris.

Il semblait que Simon fût devenu
tout à coup un autre homme, et qu'il
eût en un instant oublié toutes les souf-
frances, toutes les tortures morales

qu'il avait endurées depuis son enfance;
il se retrouvait accessible aux plus
douces sensations; le désir semblait
avoir chassé la haine de son cœur. Cela
dura jusqu'à ce qu'un sommeil répara-
teur eût fermé ses yeux et ceux de sa
nouvelle maîtresse.

VII

VII.

La fille de joie.

(Suite.)

Après avoir fait de la nuit le jour,
il était tout naturel que Simon et sa
compagne fissent du jour la nuit; et
comme le temps passe vite en sembla-

ble occurrence, il arriva que le soleil
éclairait l'horizon de ses derniers
rayons lorsque la jeune fille, sur l'in-
vitation de Simon, reprit son récit de
la manière suivante :

Le représentant du peuple, en mission à Bordeaux, dont je vous ai parlé,
était un Parisien nommé J....; sa volonté était bien au-dessus de la loi, car
il n'y avait plus de loi alors; rien ne
s'obtenait que de lui, c'était à lui qu'il
fallait que je m'adressasse pour obtenir
la permission d'embrasser mon père.

— Élisa, ma chère enfant, me dit
Joanni, pour l'amour de Dieu, n'allez
pas vous jeter dans les griffes de ce

scélérat! laissez-moi faire, je lui parle-
rai.

— Non, Joanni; c'est un soin que
je ne veux laisser à personne ; condui-
sez-moi jusqu'à la porte de son domi-
cile, c'est tout ce que je veux vous permettre.

Le brave homme baissa la tête et se
résigna; nous nous dirigeâmes vers la
demeure du représentant, qui me reçut sans difficulté. C'était un jeune
homme de fort bonne mine; rien dans
ses manières n'annonçait la férocité
dont on l'accusait et qui était devenue
proverbiale.

— Monsieur, lui dis-je avec assez

d'assurance, je suis la fille du comte
de Valenci.

— Qu'est-ce que cela? s'écria-t-il en
fronçant le sourcil, y a-t-il encore de
cette engeance sur le territoire de la
république?

— Je voulais dire ci-devant comte,
monsieur.

— Et tu pourras bientôt dire ci-devant habitant de ce monde... Eh bien!
fille de comte, que me veux-tu?

— Je viens vous demander la permission de pénétrer dans la prison de
mon père.

— Bon! vous aurez le temps de vous
voir dans l'éternité.

— O monsieur! mon père est plus malheureux que coupable; il ne mérite certainement pas le terrible châtiment dont vous le menacez...

—Assez, assez! ton père est un trop grand seigneur pour que j'ose contester ses hautes qualités; mais cela n'empêche pas qu'il n'ait fait le héros de grand chemin et qu'il n'ait été pris les armes à la main... Allons, va-t-en!

— Considérez donc, je vous prie, que la grâce que je vous demande ne s'est jamais refusée, même aux plus grands criminels.

— C'est possible, mais ces grands criminels n'étaient pas des aristocrates.

Désespérée de ce refus, je me jetai aux pieds de cet homme féroce, j'embrassai ses genoux et les mouillai de mes larmes; alors il me regarda avec attention et me releva en disant :

—Elle est, ma foi, gentille!...Allons, petite, ne pleure pas; je veux bien satisfaire ton désir d'enfant.

Il s'approcha d'une table, écrivit rapidement quelques lignes, et me les remit en ajoutant :

— Je crois, mon amour, que tu n'as pas de temps à perdre, car le chère comte doit être jugé demain, et il est certain qu'après demain tu ne le trouverais pas tout entier.

Ces paroles de cannibal me déchiraient les entrailles ; il les eût certainement payées de sa vie, si cette première faveur que je venais d'obtenir ne m'eût fait concevoir l'espérance d'en obtenir une plus grande. Je me hâtai de sortir, et je retrouvai Joanni, qui m'attendait avec impatience et voulut m'accompagner jusque dans la prison.

Mon père était calme et résigné ; il savait depuis long-temps quel sort lui était réservé, et il en avait pris son parti en homme de cœur ; néanmoins je sentis une larme tomber sur mon front lorsqu'il m'embrassa.

— J'ai juré de vous sauver, lui dis-je ;

j'irai me jeter aux pieds de vos juges;
ils ne seront pas plus implacables que
cet exécrable représentant qui, après
m'avoir refusé la permission de vous
voir, a fini par céder à mes instances... O
mon père! je veux vous sauver; je vous
sauverai ou je mourrai avec vous.... au
moins cette dernière faveur me sera
accordée par ces bourreaux...

— Calme-toi, mon Élisa.... Pauvre
enfant! tu ne les connais pas!

— Oh! si, je les connais maintenant;
mais eux ne me connaissent pas, ils ne
savent pas ce que je puis... et malheur
à eux s'ils me contraignent à le leur ap-
prendre!

Mon père attribua ces paroles à l'exaltation dans laquelle me jetait le désespoir. Il ne négligea rien pour me rassurer, et il réussit à me persuader que mes craintes n'étaient pas aussi fondées que je l'avais cru et que justice pourrait lui être rendue... J'étais presque heureuse quand je le quittai ; l'espérance avait profondément pénétré dans mon cœur.

Le lendemain, dès le matin, je courus chez les juges, ainsi que je l'avais résolu : je leur trouvai à tous l'air morne, abattu ; ils m'écoutaient la tête baissée, et semblaient ne pas oser me répondre. Cet accueil jeta de nouveau l'effroi dans mon âme ; mais une arrière-pensée me soutint et m'empêcha de me livrer au désespoir. Le représentant J.... était tout puissant; il me l'avait prouvé, et une première fois il avait cédé à mes instances; *la petite est, ma foi, gentille!* avait-il dit, et je sentais instinctivement la portée de ces paroles.

J'assistai au jugement; j'entendis prononcer l'arrêt fatal qui envoyait le comte à l'échafaud, et pas une plainte, pas un gémissement ne m'échappa. Je sortis, et du tribunal révolutionnaire je me rendis chez le farouche J....

— Citoyen, lui dis-je, mon père est condamné!

— Eh! ma mie, que voulez-vous
que j'y fasse?

— Je veux que vous empêchiez l'exécution de cet inique jugement, monsieur, je veux que vous obteniez la grâce
de mon père....

— La petite est très-amusante, parole d'honneur ! *je veux, je veux*.... c'est
à faire mourir de rire... Il est donc bien
vrai que les gens de cette caste ne dou-
tent de rien...

— Vous vous trompez, citoyen ; car
je doute qu'il y ait dans l'univers un
être vivant capable de refuser ce que
je vous offre.

— Eh! que m'offres-tu donc, jeune

folle? Il me semble que, jusqu'à présent, tu n'as fait que demander...

— Oui, j'ai demandé et je demande
la vie de mon père, mais je ne la demande pas à titre gratuit; et... faut-il
vous dire, citoyen, quel prix en offre
une fille de quinze ans qui n'a pour
tout bien que les charmes de sa jeunesse et une aveugle soumission?... De
grâce! devinez-moi, ou j'expire à vos
pieds!...

—Je l'aurais parié, murmura le représentant en me tournant brusquement le dos; encore une folle qui est
persuadée qu'on ne peut se dispenser
de tout accorder à une jolie fille qui
ne refuse rien...

Et, s'avançant vers la cheminée, il ôta brusquement une espèce de voile qui couvrait un énorme bocal.

— Regarde, dit-il.

J'obéis, et je faillis me trouver mal en voyant une tête de femme conservée dans l'esprit-de-vin.

— Ce que tu m'offres, dit-il alors avec un accent de rage qu'il serait impossible de rendre, ce que tu m'offres, cette femme me l'avait accordé; je l'aimais de toute la puissance de mon âme, elle était tout mon bien, elle eût fait le bonheur de ma vie entière, mais en même temps elle eût compromis le salut de la république, car elle demandait beaucoup, et je ne pouvais rien lui refuser... eh bien! cette femme si jeune et si belle, cette femme que j'aimais tant et dont j'étais si tendrement aimé, voici ce que j'en ai fait... je l'ai accusée, je l'ai laissé condamner, j'ai assisté à son exécution..... et ce n'est pas là de la cruauté, jeune fille, ce n'est pas là l'œuvre d'un frénétique, c'est du patriotisme, c'est la plus grande preuve de dévouement qu'un homme ait jamais donnée à son pays. Je n'ai pas tué pour tuer, pour me repaître de sang; j'ai tué, parce que j'ai eu le courage de sacrifier le bonheur de ma vie entière.... Elle aussi me demandait des grâces....

Il se passa quelques instans sans qu'il me fût possible de répliquer un mot ; ce spectacle me faisait un mal horrible. Le représentant remit sur le bocal le voile qu'il en avait enlevé, et revenant près de moi :

— Eh bien ! fille de comte, reprit-il, te sens-tu encore disposée à succéder à cette femme ?

— Oui, m'écriai-je sans hésiter, j'en ai non-seulement la volonté, mais encore le désir, et dussé-je éprouver le même sort, ma résolution est inébranlable.

— Tu te donnes ?

— Je me donne.

— Sans regret?

— Avec joie.

Il me prit dans ses bras; ma main frissonna en sentant la sienne... Nous étions seuls....

— Mais, au moins, m'écriai-je, vous me rendrez mon père!

— Oh! par grâce, dit-il avec un sourire infernal, ne mêlons pas les affaires et les plaisirs.

Il parlait de plaisir, le monstre! et par ses ordres, à quelques pas de là, l'échafaud se dressait!...Oh! mon ami! quel jour, et surtout quelle nuit lui succéda! quelle horrible torture!... J'étais mourante quand les rayons du soleil pénétrèrent dans notre chambre, et cependant je retrouvai assez de force pour m'élancer hors du lit.

— Pardieu! s'écria J..., j'avais vraiment tort de croire que les aristocrates ne sont bons à rien, car ils font de fort aimables filles.

— Mon père! monsieur, au nom de Dieu, rendez-moi mon père!

— Quoi, petite, tu penses encore à cela?

— Je vous supplie à genoux de tenir votre parole et de faire rendre la liberté au comte de Valenci.

— Le comte de Valenci !... mais il est très-libre en ce moment, je te jure ; il n'y a ni fers ni gendarmes qui le retiennent.

— Où est-il ? oh ! par pitié ! dites-moi où il est ?

— Mais dans le cimetière de la ville probablement, à moins que quelque écorcheur de chair humaine ait voulu étudier sur sa peau....

Je perdis connaissance et ne pus en entendre davantage. Quand je recouvrai l'usage de mes sens, je me trouvai dans un lit, à l'hôtel où j'étais descendue avec mon père nourricier. Le bon Joanni était à mon chevet et fondait en larmes ; il tenait à la main une lettre ouverte ; je la pris sans qu'il songeât à m'en empêcher... Elle lui annonçait la mort de ma mère, qui avait été exécutée à Marseille deux jours auparavant.

Cet excès de maux, au lieu d'achever de m'abattre, me rendit du courage et des forces ; mes larmes se séchèrent promptement ; je songeais que tant de crimes ne pouvaient tarder à être punis, et je tentai de consoler le pauvre Joanni. Hélas ! et lui aussi devait bientôt tomber sous la hache du bourreau ! on l'arrêta le jour même, et huit jours après j'étais seule dans ce monde, sans aucune espèce d'appui ni

de ressource... Que vous dirai-je! je
m'étais donné pour sauver la vie de
mon père, je me donnai pour con-
server la mienne; un capucin, devenu
officier de volontaires, m'emmena à
Paris, où il m'abandonna au bout de
quelques semaines; j'appartins ensuite
à un général, puis à un évêque consti-
tutionnel, puis je résolus de me donner
à tout le monde, afin de n'appartenir à
personne, et je pris une patente de
fille soumise.

— Maintenant, accablez-moi de mé-
pris si je le mérite.... J'ai cru, en vous
voyant, qu'il y avait sympathie entre
nous; une force irrésistible m'a poussée dans vos bras, mais je ne veux

pas devoir votre amour au mensonge.

Simon avait écoulé ce récit avec le plus vif intérêt; jamais, depuis son séjour chez Mme de Saint-Alvar, il ne s'était trouvé aussi heureux qu'il l'était depuis quelques heures.

— Oui, s'écria-t-il, il y a sympathie entre nous; la main de la fatalité nous a poussés tous deux; peut-être nous avons eu tort de désespérer de l'avenir, car quelques beaux jours nous semblent réservés...Désormais tu seras à moi seul?...

— A toi, à toi pour toujours!

— Toujours! c'est bien long, dit Simon en souriant.

— Oh! tu ne m'aimes pas, puisque tu doutes.

Simon répondit à ces dernières paroles par des caresses, et la nuit qui survint fut la première de la lune de miel. Ce ne fut qu'au point du jour que les amans se séparèrent : il y avait juste vingt-quatre heures que Simon avait quitté ses compagnons.

— Reste ici, belle amie, dit-il à Élisa en la quittant, je ne tarderai pas à revenir.

— Pour ne plus me quitter?

— Peut-être.

Il sortit, et se rendit à la maison de Jean, où il trouva César.

— Que diable es-tu donc devenu depuis hier? lui demanda ce dernier.

— N'était-ce pas fête?

— Sans doute, et ce l'est encore aujourd'hui, puisque j'ai promis trois jours de bombance.

— Eh bien, cette fête, je l'ai chômée à ma manière; la danse ne me plaît pas, trop de vin me fait mal...

— Eh! n'avions-nous pas de jolies filles?

— J'en sais quelque chose.

— Ah! je comprends, tu t'es rattrapé de ce côté... eh bien, à ton aise! il est juste que chacun prenne son plai-

sir où il le trouve, et c'est pour cela
que je vais rejoindre les camarades, qui
font un tintamare de tous les diables
et s'amusent comme des dieux. Tu
viens avec moi, n'est-ce pas?

— S'il le faut...

— Oh! ce n'est pas d'obligation;
mais demain plus de bamboches.

— Au point du jour je serai à votre
disposition.

Et Simon, très-satisfait de la liberté
que le capitaine lui laissait, s'empressa
de retourner à l'hôtel où il avait laissé
ses nouvelles amours. Il arrive... personne! il demande Élisa... il y a plus
d'une heure qu'elle est partie furtive-

ment ; il cherche sa bourse pour payer l'hôte..... sa sensible maîtresse la lui avait volée !...

— Parbleu! s'écria-t-il, j'avais besoin de cette dernière leçon! elle me profitera : c'est de l'argent bien employé.

LE PRÉSIDENT.

Vous ne voulez donc pas travailler?

LE PRÉVENU.

Vouloir, ça n'est pas pouvoir : si je demande à manger, on me dit de chercher de l'ouvrage; si je demande de l'ouvrage, on exige des répondans, et qui diable voulez-vous qui réponde d'un homme qui a faim?

Là-dessus, sur ce texte où il y a tant à dire, qui doit faire penser si profondément, l'avocat du roi, jeune homme au teint frais, aux dents blanches, au doux

sourire, l'avocat du roi, dis-je, se lève non-
chalamment, marmonne quelques lieux-
communs, cite quelques articles du Code ;
puis le président consulte de l'œil, à
droite et à gauche, les deux juges qui
lui sont adjoints, et prononce très-judi-
cieusement, très-moralement, très-chari-
tablement et très-philantropiquement une
sentence qui envoie le pauvre diable pour-
rir sous les verroux d'une prison cen-
trale.

Or, très-révérends moralistes, ceci
n'est pas un conte, une histoire en l'air,
une anecdote comme il en pleut autour

de vous dans les salons de la bonne compagnie; ceci est le récit exact, littéral, de ce qui s'est passé en l'an de grâce 1834 au tribunal de police correctionnelle de Paris, sixième chambre, où siégeaient...
Oh! par pitié! faites-moi grâce des noms! mais aussi, par pitié, renoncez à aligner des phrases, à enfiler des mots sur des choses que vous connaissez si peu. Jetez la plume, et avec le scalpel de l'expérience analysez le cœur humain; faites qu'au lieu de s'accuser, de se déchirer, de s'emprisonner, les hommes s'aiment et s'entr'aident; tâchez de faire que *le mien* ne soit pas si fort quand *le tien* est si

faible : mais, en attendant que vous ayez atteint ce but que vous semblez ne pas soupçonner, abstenez-vous de qualifications injurieuses, et, encore une fois, laissez passer la justice du romancier !

FIN DU TOME CINQUIÈME ET DERNIER.

TABLE

DU TOME QUATRIÈME.

—

I. Jugement. — Condamnation.   5

II. La tante Guillebois.   21

III. Les apôtres.   41

IV. L'évasion.   55

V. Le rapt.   69

VI. Un industriel.   99

VII. L'habit fait le moine.   113

VIII. La berline. — La confession.   127

Épilogue.   159

Post-face.   165

à décoller